# Ofrendas

## y

# diezmos

**José Young**

**Ediciones Crecimiento Cristiano**

© **Ediciones Crecimiento Cristiano**
Título: Ofrendas y diezmos
Autor: José Young
Primera edición:
ISBN: 978-987-1219-19-3
Clasificación:
Diseño de Tapa: Ana Ruth Santacruz

Impreso en los talleres de
**Ediciones Crecimiento Cristiano**
Dirección postal: Casilla 3
Córdoba 419
5903 Villa Nueva, Cba.
Argentina
oficina@edicionescc.com
www.edicionescc.com

IMPRESO EN ARGENTINA

# Introducción

¿Qué es la "buena vida"? Pues, la respuesta es fácil. Tener un auto nuevo, una linda casa, dinero para tomar vacaciones en las Bahamas...

La gran mayoría de la gente estaría de acuerdo con este planteo. La persona feliz es la persona que tiene de todo. Es una actitud que nace de nuestra propia naturaleza.

Pero en contraste, Jesús dijo: "Hay más dicha en dar que en recibir" (Hechos 20.35). En otras palabras, según Jesús, la buena vida no consiste en juntar cosas, sino en ser generoso.

Esto no es algo que se encuentra en unos pocos pasajes de la Biblia, sino que es un hilo que atraviesa todas las Escrituras. Se encuentra en los libros de la ley, las naraciones históricas, la poesía, los libros de los profetas, la enseñanza de Jesús y las cartas de Pablo.

Los estudios de este cuaderno le llevarán a escritos que cubren muchos siglos y muchos contextos culturales. Le ayudarán a encontrar en las Escrituras mismas la perspectiva correcta acerca del dar, un tema que a veces está mal entendido o directamente es evitado.

La idea para este cuaderno nació de la lectura de un libro, "Enrich your Life" (Enriquezca su vida) publicado hace muchos años por Inter Varsity Press de los Estados Unidos. La autora, Yvonne Vinkemulder, generosamente nos dio permiso de utilizar sus estudios como base para este cuaderno. Esta no es una traducción, ya que hice cambios importantes en varios lugares. Sin embargo varios capítulos de este cuaderno reflejan la obra de Yvonne.

Para el estudio he utilizado principalmente la Nueva Versión Internacional de la Biblia, aunque a veces cito otras versiones:

BE - Biblia de Estudio, versión "Dios llega al hombre" de las Sociedades Bíblicas.
RV - Reina Valera, versión 1995.

## Índice

# 1
# La gente de mochila

El tema de las ofrendas necesariamente tiene que ver con Dios y su pueblo. Pero para ver la amplitud del tema, necesitamos remontarnos a los comienzos del pueblo de Israel, cuando recién entró en el proceso de transformarse de un grupo de esclavos en Egipto a una nación libre.

Por medio de Moisés, Dios había llevado a cabo una serie de milagros que, al final, obligaron al Faraón a expulsar a los israelitas de Egipto.

**1** Según Éxodo 1.11-14; 2.23 y 6.9, ¿cómo habrá sido el ánimo del pueblo antes de salir de Egipto?

El Señor oyó los lamentos de su pueblo y juzgó a Egipto. Lo sacó después de darles un castigo severo a sus opresores. Había visto su poder al abrir un sendero por el mar y eliminar al enemigo que lo perseguía.

**2**  Sin embargo, ¿cómo fue al ánimo del pueblo al salir de Egipto? Note Éxodo 16.3 y 17.3.

Los israelitas tenían que llevar todas sus posesiones con ellos, en mochilas, a lomo de burro y en carritos. Obviamente hubiera sido necesario dejar muchas de sus posesiones atrás. Sin embargo, no fueron con las manos vacías. (Nota 1)

**3**  ¿Qué aprendemos de Éxodo 3.21-22 y 12.35-36?

**4**  En Éxodo 25.1-9 Dios le encargó algo a Moisés.

→ ¿Qué tenía que hacer Moisés?

→ ¿Quiénes tenían que ofrendar?

➜ ¿Qué clase de ofrendas?

Uno pensaría, con el ánimo que tenía el pueblo, que no se sentiría muy generoso.

**5** Sin embargo, ¿cómo fue la reacción del pueblo según Éxodo 35.21-29?

**6** Al final, ¿cómo fue el resultado de la campaña? Éxodo 36.2-7.

Esta reacción del pueblo parece contradecir lo que vimos en las primeras dos preguntas.

**7** ¿Habrá cambiado de actitud? ¿Cómo explica usted este resultado?

**8** ¿Puede pensar en un ministerio de la iglesia que ha tenido el mismo problema que tenían los israelitas (36.5)?

**9** Ésta era la primera oportunidad que tuvo el pueblo de Dios para ofrendar. ¿Qué podemos aprender nosotros de su ejemplo? ¿Nosotros normalmente ofrendamos por obligación o gustosamente?

## Notas

1 - Con el éxodo de los judíos de Egipto, Dios cumplió una promesa que había hecho a Abraham muchos años antes. En Génesis 15.3 dijo que iban a estar esclavizados en Egipto 400 años, profecía que se cumplió.

# 2
# Diezmos

Las ofrendas jugaban un papel importante en la sociedad israelita. Aunque necesitamos reconocer que la manera en que el pueblo israelita ofrendaba, y lo que se hacía con las ofrendas, muchas veces difiere de la práctica de nuestras iglesias actuales.

**1** ¿Qué tenían que diezmar los israelitas? Levítico 27.30-32.

**2** ¿Qué propósito tenían las instrucciones del versículo 33 (Levítico 27)?

Números 18.20-32 da una explicación del propósito de los diezmos, aunque en realidad existían dos.

**3** ¿Para qué y por qué existía la ley del diezmo?

Veamos ahora un pasaje que amplía la información que hemos visto acerca del diezmo. Deuteronomio 14.22-29

**4** ¿Dónde debían diezmar?

**5** ¿Qué debían hacer los israelitas con su diezmo?

**6** ¿Qué debían hacer si vivían demasiado lejos?

**7** Note las instrucciones especiales para el tercer año. ¿Qué propósito tenían?

Hay dos palabras de este pasaje que llaman la atención: "temor" (v. 23) y "regocijarse" (NVI) o "alegrarse" (RV).

---

**8** ¿Qué debían temer los israelitas?

➔ ¿Por qué razón debían regocijarse?

**9** Supongo, que al hacer este cuaderno, usted da diezmos u ofrendas a su iglesia. ¿Son motivo de temor o regocijo para usted? Explique.

# 3
# Sobras y trampas

**C**omo vimos en las dos primeras lecciones, las ofrendas del pueblo isrealita tenían un lugar central en su culto. Por esta razón no debe sorprendernos que también es un tema que encontramos a menudo en los libros de los profetas. Veamos lo que dijo el profeta Malaquías en Malaquías 1.6-14.

**1**   ¿Cómo se describe el que está hablando?


→ ¿A quién habla?


**2**   ¿Cuál es su acusación?

**3** ¿Qué dice Levítico 22.17-25 acerca de los sacrificios?

**4** Explique la actitud de sus oyentes.

Es fácil imaginar como hubiera pensado el pueblo. Si los animales que ofrecían iban a ser sacrificados, sería una lástima que mueran los mejores. Tenía más sentido eliminar a los inferiores.

Aparentemente los levitas tenían sus propios animales (Números 35.3; 21.2)

**5** Al escuchar la acusación de Malaquías, ¿cuál de estas dos posibilidades le parece más acertada?
→ La gente traía animales inferiores.
→ La gente traía animales buenos pero los sacerdotes y levitas los cambiaban por animales inferiores de su propio ganado.

**6** ¿La solución del versículo 10 hubiera sido realmente una solución al problema? ¿Por qué?

En Malaquías 3.6-12, el Señor sigue acusando a su pueblo. Esta vez el problema es que no llevaron sus ofrendas y diezmos al templo. Para el Señor, eso era robar.

En esencia, estos dos pasajes (Números y Malaquías) nombran dos pecados de parte del pueblo.

**7** ¿Cuál es peor? ¿Por qué?

**8** ¿Cuál es el más común entre nosotros?

**9** Dios dijo que ellos le despreciaban con sus ofrendas. ¿Podemos hacer lo mismo hoy? ¿Cómo?

**10** ¿Cómo evalúa usted a sí mismo frente al desafío de este estudio?

# 4
# ¿Cuánto es suficiente?

**V**amos ahora al Nuevo Testamento para escuchar a Jesús. La situación ha cambiado, y las pautas que rigen las ofrendas en las iglesias no son necesariamente las mismas que vimos para el pueblo judío.

En Lucas 12.13-21 un hombre se acercó a Jesús con una pregunta, y la respuesta de Jesús viene en forma de una parábola. Aparentemente el hombre pidió a Jesús que solucionara una injusticia de parte de su hermano.

**1** ¿Por qué Jesús le contestó con una advertencia?

**2** ¿Cómo vió el hombre de la parábola a su mundo?

**3**  ¿Por qué Dios lo llamó "necio"?

**4**  ¿Cómo puede una persona llegar a ser "rica" delante de Dios (versículo 21)?

Por supuesto, pocos de nosotros estamos en la categoría de ser ricos. Sin embargo, la mayoría tenemos más de lo mínimo necesario.

**5**  ¿Cómo podemos evitar que las cosas que deseamos lleguen a ser necesarias?

**6**  Veamos ahora Efesios 4.28. ¿Qué motivos tenemos para ganar dinero que no le ocurrió al necio rico
→ según Efesios 4.28?

➔ según 2 Corintios 9.12?

**7**  ¿Cómo afecta el planteo de la pregunta anterior a nuestra actitud hacia el trabajo?

La realidad es que siempre hay personas con menos de lo que tenemos nosotros... a veces mucho menos. Literalmente, millones de personas en este mundo podrían poner todas sus posesiones en una mochila y llevarlas.

**8**  ¿Cómo podemos evaluar nuestras necesidades a la luz de las necesidades físicas y espirituales de mucha gente de este mundo?

# 5
# Primero el reino

**V**eamos en Mateo 6.19-34. Tener posesiones en la época de Jesús no era fácil. Con casas sin rejas y sin candados, con paredes hechas de adobe o piedras unidas con adobe, la entrada para un ladrón no era difícil. Así es fácil comprender la advertencia de los versículos 19-21.

**1**    ¿Qué le parece la siguiente variación del versículo 21? ¿Está de acuerdo? ¿Por qué?

*'Porque donde está tu corazón, allí estará también tu tesoro.'*

**2**    En esencia, ¿contra qué actitud advierte Jesús?

El ojo (versículo 22) no representa aquí una lámpara que da luz, sino más bien una ventana que deja entrar la luz.

---

**3** Si es así, ¿qué pueden significar los versículos 22 y 23?

**4** ¿Por qué es imposible servir a dos señores? (v. 24)

**5** ¿Cómo se relacionan los versículos 19-24 con los versículos 25-34?

**6** ¿Los versículos 25-34 son una invitación para no trabajar? Explique.

**7**  ¿Qué son "todas estas cosas" del versículo 33?

**8**  ¿Qué tiene que ver este estudio con el tema de las ofrendas?

# 6
# Administrado-res

**E**l relato de Mateo 25.14-30 tiene mucho que enseñarnos sobre este tema. Vemos que un empresario entregó dinero a tres de sus empleados para que lo invirtieran mientras él se iba de viaje. Es notable la confianza que tenía en ellos para que fueran administradores de sus bienes.

**1** ¿Por qué habrá entregado una cantidad diferente a cada uno?

No sabemos de qué manera los primeros dos invirtieron el dinero.

**2** De todas maneras, ¿qué riesgos corrieron al hacerlo?

Cuando el empresario regresó de su viaje, llamó a sus empleados para que rindieran cuenta de qué habían hecho con el dinero.

**3** El primero devolvió mucho más al dueño que el segundo; sin embargo, los dos recibieron la misma aprobación de parte de él. ¿Por qué?

**4** Note la manera en que el tercer empleado describió a su patrón. ¿Le parece que merecía esa descripción? ¿Por qué?

**5** Note también como el patrón describió al tercer empleado. ¿Le parece que merecía esa descripción? ¿Por qué?

El tercer empleado no perdió el dinero que recibió. Simplemente no hizo nada con ello.

**6** ¿Por qué es peor descuidar una oportunidad que probarla y fallar?

**7** ¿Le parece que la respuesta del patrón habría sido diferente si el tercer empleado hubiera invertido el dinero en algo que no rindiera?

**8** ¿Cómo entiende usted el versículo 29?

El término que el Nuevo Testamento utiliza para describir a los que cuidan la propiedad de otros es "mayordomo" o "administrador". También, según el Nuevo Testamento, todo creyente es un administrador de las cosas que Dios nos ha entregado (1 Pedro 4.10). Dinero, sí, pero no solamente el dinero.

**9** ¿Qué cosas nos ha dado Dios para que administremos?

**10** ¿Qué significa "administrar" o "cuidar" la propiedad de otro?

Que Dios nos ayude a ser buenos administradores de lo mucho que nos ha dado.

---

# 7
# Dinero: ¿siervo o señor?

**V**eamos ahora el encuentro de un hombre que se acercó a Jesús con una pregunta: Marcos 10.17-31.

**1** ¿Cómo era ese hombre?

**2** ¿Le habría gustado usted tenerlo como amigo o vecino? ¿Por qué?

**3** Jesús dijo que le faltó una sola cosa. Piénselo bien. ¿Cuál era el problema fundamental de ese hombre?

Ésta es la única persona a quien Jesús dijo que debía venderlo todo y regalarlo a los pobres. Pero no era el único rico que se acercó a Jesús. Mateo, el cobrador de impuestos, es otro ejemplo. Pero Jesús no dijo a Mateo que debía regalarlo todo.

**4** Cuando el hombre se fue

→ ¿qué habrá sentido?

→ ¿qué habrá sentido Jesús?

**5** ¿Por qué es tan difícil para una persona rica entrar en el reino de Dios? (v. 23)

Note el asombro de los discípulos por lo que dijo Jesús (vv. 24, 25). Ya estaban cerca a Jerusalén y la crucifixión (10.32-34). Los discípulos habían pasado tres años con Jesús y debían haber entendido bien lo que el Señor afirmó. Es cierto que los judíos confiaban en que la prosperidad era una confirmación de la aprobación de Dios, pero ellos tenían que haber pensado de otra manera.

**6**  ¿Qué, en realidad, preguntaba Pedro en el v. 28?

Es cierto que Jesús prometió prosperidad a los que dejaron todo para seguirle.

**7**  Pero, ¿qué clase de prosperidad?

El dinero tiene poder, y puede tener poder sobre nuestras vidas.

**8**  Aunque la cantidad de dinero que tengamos no es lo que le da su poder. Siempre tiene poder. ¿Por qué?

**9**  ¿Se da cuenta del poder del dinero y las posesiones sobre su propia vida? ¿Puede dar ejemplos?

# 8
# Comunidad

**L**as ofrendas del primer pueblo de Dios se dieron mayormente en el contexto del templo. Pero para nosotros, el contexto es mayormente la iglesia. Leamos, para este estudio, Hechos 4.32 a 5.11.

Se ve que una característica de este nuevo pueblo era la generosidad. Y su generosidad, en este caso, era para cuidar a los suyos. Note también Hechos 6.1. Algunos fueron al extremo de vender propiedades y ofrendar el dinero.

**1** ¿Puede decir de su iglesia que "no había ningún necesitado en la comunidad." (4.34)?

**2** ¿Qué contraste se ve entre el destino de las ofrendas de Israel y el destino con las ofrendas de la iglesia naciente?

Lucas, en el capítulo 5 de Hechos, narra el ejemplo de un matrimonio de la iglesia. Ellos también trajeron una ofrenda, pero Pedro no estuvo de acuerdo con ella.

**3** ¿Cuál, especificamente, fue el pecado de Ananías y Safira?

**4** Escriba unas frases, como si fuera Ananías, para explicar lo que hizo.

**5** Compare lo que hizo Bernabé con lo que hizo Ananías.

→ ¿Qué pasó con Ananías?

→ ¿Qué pasó con Bernabé (Hechos 9.27; 11.22-26; 13.1-3)

**6** Si usted fuera uno de los creyentes, ¿qué efecto habría tenido el juicio de Dios sobre Ananías y Safria en usted mismo y en la iglesia?

El pasaje habla de "gran poder" (4.33) y de abundante gracia (4.33) de parte de los apóstoles y "gran temor" de parte de la gente (5.5).

Note de nuevo la expresión "Todos los creyentes eran de un solo sentir y pensar." (4.32)

**7** ¿Estas características describen su relación con otros creyentes?

**8** ¿Cuál sería el principio más importante que podemos sacar de este pasaje en cuanto a las ofrendas?

# 9
# La dimensión agregada: gracia

**D**urante el reinado del emperador Claudio (años 41-54 d.C.) hubo hambre en Jerusalén. Como consecuencia, las iglesias de los gentiles enviaron ofrendas por medio de Pablo para aliviar la situación. Lea 2 Corintios 8 donde Pablo aconseja sobre el tema.

**1** ¿Por qué Pablo destaca las ofrendas de las iglesias de Macedonia?

**2** Pablo hace referencia a "la obra de gracia" (v. 6). ¿De qué manera una ofrenda es una obra de gracia?

**3** ¿Cómo aplicamos el v. 12 en la práctica?

**4**  ¿Las iglesias nuestras aplican los vv. 13-15 realmente? ¿Deben hacerlo?

Una pregunta clave para este tema sería: ¿Damos con gusto, porque queremos, o por obligación?

Por ejemplo, en iglesias donde pasan una bolsa o plato para levantar la ofrenda, muchos sienten la obligación de poner algo porque ¿qué van a decir los hermanos si ven que no pongo nada?

**5**  ¿Qué le parece? ¿Sería mejor siempre poner algo o no?

**6**  ¿Mateo 6.1-4 tiene que ver con este problema, o no? ¿Por qué?

A la vez hay iglesias que obligan el diezmo, es decir, el diez por ciento de los ingresos de todos los creyentes. Es un tema delicado, justamente por ser obligación. (Aunque note 2 Corintios 9.27.)

Aunque en realidad, no vemos en ninguna parte que el Nuevo Testamento indique la cantidad que el cristiano está obligado a dar. Vimos el ejemplo de los macedonios, pero hay otros.

**7** Por ejemplo, ¿cuánto sería lo correcto para nuestras ofrendas según Marcos 12.41-44 y Lucas 19.1-10?

1 Corintios 16.1-4 nos da un consejo importante.

**8** Según este pasaje,

➔ ¿Cuándo debemos dar?

➔ ¿Cuánto debemos dar?

Se puede hacer una escala como la que sigue para describirnos como ofrendantes.

### 1 - Jardín de infantes
Cuando la persona sabe de una necesidad, o pasan el plato o la bolsa de la ofrenda en la iglesia, busca en el bosillo para dar algo.

### 2 - Escuela primaria
La persona acepta la pauta del diezmo del Antiguo Testamento, y da el diez por ciento de sus ingresos.

### 3 - Colegio secundario
La persona se basa en la convicción de que todo lo que tenemos es de Cristo y que nosotros somos administradores de sus bienes. En vez del 10% para Dios y el 90% para nosotros, todo es de Dios y, de acuerdo con eso, cuidamos su utilización.

**9** Está de acuerdo con esta escala? ¿Por qué?

→ ¿Dónde se ubicaría usted en ella?

---

# 10
# *Más allá de las cosas*

J esús dice que "hay más dicha en dar que en recibir" (Hechos 20.35). Creo que pocas personas realmente están de acuerdo. Pero así era la vida de él y así debe ser nuestra vida como hijos de Dios. Esta realidad nos lleva "más allá de las cosas".

En los capítulos anteriores hemos pensado en sacrificios, ofrendas y diezmos.

**1** ¿Cómo debemos aplicar a nuestra vida el sacrificio descrito en Salmo 51.17?

**2** De la misma manera, ¿cómo aplicamos a nuestra vida el sacrificio de Romanos 12.1?

El tema de "dar" va mucho más allá de las cosas. Por ejemplo, el Nuevo Testamento dice que somos sacerdotes, y una de las tareas del sacerdote es dar sacrificios y ofrendas a Dios.

**3** Hebreos 13.5, 16 y 1 Pedro 2.5 mencionan tres clases de sacrificios que debemos ofrecer como sacerdotes de Dios. Explique de qué manera debemos aplicarlos:

❶

❷

❸

Jesús es el mejor ejemplo que tenemos para este tema. Como dice Marcos 10.45, no vino al mundo para ser servido sino para servir.

**4** Piense un momento: Durante sus tres años de servicio dio mucho. Haga una lista de lo que dio.

Una de las escenas más impresionantes de la vida de Jesús es cuando lava los pies de sus discípulos (Juan 13.3-17). Al terminar, dijo que sus discípulos debían hacer lo mismo (versículo 15). Hay muy pocas iglesias que lo toman literalmente, es decir, que tienen una ceremonia de lavar los pies.

**5** ¿Cómo, pues, debemos cumplir con lo que Jesús pide?

**6** Tenemos mucho que ofrendar más allá de las cosas. Haga una lista de las posibles maneras en que podemos dar a otros aparte de las ofrendas y los diezmos.

**7** Si usted ya está sirviendo a otros de esta manera, comparta su experiencia con el grupo.

"Él se entregó por nosotros para rescatarnos de toda maldad y purificar para sí un pueblo elegido, dedicado a hacer el bien." (Tito 2.14)

# 11
# Una relación productiva

**C**uando Pablo escribió la Carta a los Filipenses estaba preso a causa del evangelio, y probablemente en Roma. Es muy posible que estuviese en una casa aquilada por él mismo (Hechos 28.30). Veamos en Filipenses 4.10-20.

**1**   Específicamente, ¿porqué Pablo podía alegrarse?

Varias veces Pablo trabajaba en su profesión para ganarse la vida (Hechos 18.2, 3). Pero en muchas circunstancias no era posible. A veces tenía necesidad, y la ayuda de una iglesia como la de Filipo era importante.

**2**   ¿Cuál parece ser la lección más importante que aprendió Pablo de esa experiencia?

El tema de este pasaje es muy actual para nosotros que vivimos en la América Latina. Durante los últimos años hemos enviado muchos misioneros a otras partes del mundo. Por esta razón podemos dar gracias a Dios. Pero existe un problema: muchos sufren económicamente, y muchos han tenido que regresar del campo misionero por razones económicas.

**3** ¿A qué conclusión nos llevan los siguientes pasajes? 1 Timoteo 5.18; 1 Corintios 9.7-9; 1 Corintios 9.14.

**4** ¿La responsabilidad hacia los misioneros es de usted personalmente o de su iglesia?

**5** ¿Qué puede hacer usted para que su iglesia tenga más conciencia misionera?

Filipenses 4.17 habla de "aumentar crédito a su cuenta" (NVI) o'"tener más en su cuenta delante de Dios" (BE).

**6** ¿A qué puede referirse estas expresiones?

**7** Según Pablo, cuando damos o recibimos es Dios quien debe recibir la gloria.

➔ ¿Por qué?

➔ En el caso de usted, ¿quién la recibe?

Pida a Dios que le muestre cómo mejor puede contribuir a su obra de manera que

✓ de gloria a él.

✓ sea de beneficio para sus siervos.

✓ enriquezca su propia vida.

---

# 12
# La buena vida

Regresemos a la pregunta con la cual comenzamos este cuaderno: ¿Qué es la buena vida? Aunque una pregunta aún mejor sería: ¿Cuál es la diferencia entre lo que necesitamos tener y lo que queremos tener?.

**1** ¿Qué le parece? De todas las cosas que podríamos tener, ¿cuáles son lo mínimo necesario?

**2** En base a 1 Timoteo 6.6-10, ¿por qué debe estar contento con lo que tiene?

**3** ¿Cómo describe a la persona que anhela tener más?

Note en los versículos 5 y 6 que Pablo contradice a los que piensan que la religión es un medio para obtener ganancias.

Hace no muchos años la familia era un centro de producción. Tenía su quinta, su taller, sus animales, y toda la familia colaboraba en crear su sostén. Muchas sociedades todavía viven así. Pero actualmente, en nuestra sociedad, el énfasis está en el consumo, no la producción, y estamos bombardeados constantemente con la necesidad de acumular cosas.

Note en 1 Timoteo 6.17-19. En una escala global, la gran mayoría de los que leemos este cuaderno estamos entre los ricos de este mundo. El término "rico", por supuesto, es relativo. Cuando nadie en un pueblo tiene auto, el que tiene uno es el rico. O en algunos casos, una bicicleta puede señalar al rico.

**5** Según Pablo en este pasaje, ¿qué es lo que el rico debe hacer y no hacer?

**6** Note que Pablo no dijo que los ricos deben vender todo y darlo a los pobres. ¿Por qué?

En 1 Tesalonicenses 5.8 encontramos una advertencia que debe regir en nuestra utilización del dinero.

---

**7** ¿Por qué la persona que no cumple con este versículo es "peor que un incredulo"?

Una trampa en que caen muchos es la de la tarjeta de crédito. La tarjeta representa dinero fácil y muchos, con la tarjeta, compran improvisadamente. Siguen agregando a su deuda y luego se encuentran en una situación desperada. Lo que ganan apenas cubre las cuotas, y si hay una emergencia, como por ejemplo un problema de salud, no tienen recursos para enfrentarla.

**8** ¿Qué experiencia ha tenido usted?

**9** ¿De qué manera el versículo 17 nos puede librar de preocupaciones por no tener lo que sentimos que necesitamos?

**Como conclusión, no se olvide de:**
**Lucas 12.15**
**Hechos 20.35**

# Cómo utilizar
# este cuaderno

**E**ste cuaderno es una guía de estudio, es decir, su propósito es guiarle a usted para que haga su propio estudio del tema o libro de la Biblia que desarrolla este material.

El cuaderno propone un diálogo. En él introducimos el tema, sugerimos cómo proceder con la investigación, comentamos, pero también preguntamos. Los espacios después de las preguntas son para que usted anote sus respuestas.

Esperamos que, por medio del diálogo, le ayudemos a forjar su propia comprensión del tema. No de segunda mano, como cuando se escucha un sermón, sino como fruto de su propia lectura e investigación.

## ¿Cómo hacer el estudio?

1 - Antes de comenzar, ore. Pida ayuda a Dios para que le hable y le dé comprensión durante su estudio.

2 - Debe leer los pasajes bíblicos más de una vez y preguntarse: ¿Qué dice el autor? Aunque muchos utilizan la versión Reina-Valera de la Biblia, conviene tener otra versión, o versiones, disponible para comparar los pasajes. La "Versión Popular" y la "Nueva Versión Internacional" le pueden ayudar a ver el pasaje con más claridad.

3 - Siga con la lectura de la lección. Responda lo mejor que pueda a las preguntas.

4 - Evite la tendencia de apurarse para terminar. Es mejor avanzar lentamente, pensando, preguntando, aclarando.

## En grupo

El estudio personal es de mucho valor, pero se multiplican los beneficios si lo acompaña con el estudio en grupo. Un grupo de hasta ocho personas es lo ideal.

Pero, puede ser que, por diferentes motivos, el grupo esté formado por usted y una persona más; aun así, es mejor que estudiar solo.

En realidad, estos cuadernos han sido diseñados con el motivo siguiente: estimular el estudio en células, en grupos pequeños.

La manera de hacerlo es fácil:

1 - Haga en forma personal una de las lecciones del cuaderno. Aun cuando pueda haber cosas que no entienda bien, haga el mayor esfuerzo posible para completar la lección.

2 - Luego reúnase con su grupo. En el grupo compartan entre todos las respuestas a cada pregunta. Puede ser que no tengan las mismas respuestas, pero, comparando entre todos, las van aclarando y corrigiendo. En este compartir semanal de una hora y media, este diálogo entre todos, se encuentra la verdadera riqueza y que nos provee esta forma de estudio.

3 - Evite salirse del tema. El tiempo es oro, y lo más importante es enfocar todo el esfuerzo del grupo en el tema de la lección. Luego, pueden dedicar tiempo para conocerse más y tener un rato social.

4 - Participe. Todos deben participar. La riqueza del trabajo en grupo es justamente eso.

5 - Escuche. Hay una tendencia de apurar nuestras propias opiniones sin permitir que el otro termine. Vamos a aprender de cada uno, aun de los que, según nuestra opinión, estén equivocados.

6 - No domine la discusión. Puede ser que usted tenga todas las respuestas correctas, sin embargo es importante dar lugar a todos y estimular a los tímidos a participar. No se trata de sobresalir, sino de compartir aprendiendo juntos.

Si en el grupo no hay una persona con experienca para coordinarlo, se puede encontrar ayuda para dirigir un grupo en

-nuestra página web: www.edicionescc.com. La sección "Capacitación" ofrece una explicación breve del método de estudio.

-las últimas páginas de nuestro catálogo donde ofrecemos

también una orientación.

-el cuaderno titulado "Células y otros grupos pequeños" que es un curso de capacitación para los que desean aprender a coordinar un grupo.

-algunas guías que disponen de un cuaderno de sugerencias para el coordinador del grupo.

Finalmente, diremos que las guias no contienen respuestas a las preguntas, ya que el cuaderno es exactamente eso: una guia, una ayuda para estimular su propio pensamiento, no un comentario ni un sermón. Le marcamos el camino, pero usted lo tiene que seguir.

Que el Señor lo acompañe en esta tarea y, si necesita ayuda, comuníquese con nosotros. Estamos para servirle.

www.ingramcontent.com/pod-product-compliance
Lightning Source LLC
Chambersburg PA
CBHW060627030426
42337CB00018B/3233